Tönet durch die Lüfte froher Schall

Das kleine Weihnachtsbuch
für Musikfreunde

> *Musik zu hören, ist zweifellos eine der extravagantesten Arten, sein Geld auszugeben.*
>
> *Mauricio Kagel*

Tönet durch die Lüfte froher Schall

Das kleine Weihnachtsbuch für Musikfreunde

benno

Inhalt

Jens Johler
Jauchzet! Frohlocket!

SIE BEKAMEN EINE WOHNUNG IM HAUS von Adam Immanuel Weldig, Pagenmeister und Falsettist der Hofkapelle. Sie befand sich am Marktplatz und lag nur wenige Minuten entfernt von der Residenz des Herzogs Wilhelm Ernst, der so genannten Wilhelmsburg. In deren Schlosskirche spielte Bach von nun an die Orgel. Er saß sechzig Fuß über dem Boden, von unten zu sehen durch einen ovalen Deckendurchlass, sodass seine Musik gleichsam vom Himmel herabschwebte. Ja, jetzt war Schluss mit der Unbeständigkeit. Der Herzog hatte es befohlen, und Bach wollte es auch nicht anders, zumal er noch in diesem Jahr Vater wurde.

SIE DACHTEN, es würde ein Christkind werden und stellten sich darauf ein, zumal schon vor dem Heiligen Abend Maria Barbaras Schmerzen so sehr zunahmen, dass sie die Hebamme riefen. Nachdem sie Maria Barbaras Bauch befühlt und sogar ihr Ohr darangelegt hatte, sagte die Hebamme, es sei noch nicht so weit, zwei Tage noch, vielleicht drei. So verging der Heilige Abend, ohne dass ihr Sohn geboren wurde.

Dass es ein Sohn werden würde, war so gut wie ausgemacht. Eine Frau spürt so etwas, sagte Maria Barbara. Sie wollten ihn Friedemann nennen, Wilhelm Friedemann.

Am dritten Tag nach Heiligabend setzten die Wehen ein. Die Hebamme kam, bat um heißes Wasser und darum, dass es immer wieder erneuert würde, und Maria Barbara schrie und litt.

Für Bach war das alles erschreckend und vollkommen neu. Andere waren schon in ihrer Kindheit Zeugen einer Geburt gewesen, wenn die Mutter ihnen ein Geschwisterkind gebar, aber Bach war der Jüngste gewesen. Jetzt war er nur froh, dass die Hebamme da war und ihm versicherte, dass all diese Schreie und Schmerzen, all das Stöhnen und Schwitzen vollkommen in Ordnung waren und nicht etwa Vorboten des Todes.

Unterdessen verstärkten sich Maria Barbaras Wehen noch, sie biss auf den Stoffknebel, den die Hebamme ihr in den Mund geschoben hatte, riss die Augen auf, rollte die Augäpfel, schloss die Augen wieder, um sie gleich darauf wieder aufzureißen, und schien dann aber, für einen Augenblick zumindest, von den Qualen befreit zu sein. Nun müsse er das Zimmer verlassen, sagte die Hebamme, alles Weitere sei Frauensache. Und damit schob sie ihn zur Tür hinaus.

Er stand unschlüssig im Flur herum und wusste nicht, was tun, aber als die Schreie wieder anhoben, hielt er die Untätigkeit nicht mehr aus. Er lief nach unten in seine Komponierstube, setzte sich ans Klavichord und begann, etwas zu improvisieren, irgendetwas, und während er spielte, dachte er an

seinen Sohn und daran, wie dieser mit seinen kleinen Händen die ersten Melodien in die Claves drücken würde, vielleicht am Anfang gar mit den Fäusten, so wie man in früheren Zeiten die Orgel geschlagen hatte, als die Tasten noch so groß und unförmig waren. Und während er das dachte, hörte er von oben erneut Maria Barbara, und auf einmal kam ihm die Idee. Er unterbrach sein Spiel, stand auf, nahm seine Geige aus dem Kasten und ging mit ihr die Treppe hinauf. Die Schreie wurden unerträglich. Er stellte sich vor die Tür und fing an zu spielen, eine langsame, ruhige, schmelzend schöne Weise. Etwas Besänftigendes sollte es sein, etwas, das Maria Barbara ablenkte, entspannte und sie, so stellte er es sich vor, bereit machte, seinen Sohn in die Freiheit zu entlassen.
Und wirklich, Maria Barbara stöhnte nur noch zweimal mit tiefen, wie von einem fremden Wesen hervorgebrachten Lauten, und wenig später hörte er den erlösenden Schrei des zum ersten Mal vom Licht der Welt geblendeten Kindes.
Gott hat ihm eine Tochter geschenkt, sagte die Hebamme mit dem Bündel auf dem Arm. Ich gratuliere.
Eine Tochter!
War er enttäuscht? Er musste enttäuscht sein, er erwartete es von sich, wartete darauf, dass es einsetzte. Aber nein. Er spürte, wie etwas ganz Neues in ihm aufstieg. Eine jubelnde Freude, wie er sie noch nie gekannt hatte! Er hätte hinunter auf die Straße laufen und über das Pflaster tanzen mögen, die Arme

wie ein von Glückseligkeit Trunkener zum Himmel hinaufreckend und Freudenschreie ausstoßend. Jauchzet! Frohlocket! Eine Melodie schoss ihm durch den Kopf.
Er wollte die Hebamme umarmen, schreckte aber davor zurück. Er lief zu Maria Barbara, küsste sie auf die Stirn, die Wangen, den Mund. Es schmeckte salzig, er liebte den Geschmack. Er liebte alles an ihr, liebte sie, wie er sie noch nie geliebt hatte, liebte sie vielleicht zum ersten Mal.
Und das, obwohl sie sich geirrt hatte. Von wegen, eine Frau spürt so etwas. Aber sollte er darüber lamentieren? Sie würden schon dafür sorgen, dass die Familie wuchs und gedieh, es würde nur so wimmeln in ihrem Haus, mit Gottes Hilfe! Und wenn das kleine, entzückende Wesen, seine Tochter, auch ein wenig laut und auf die Nerven gehend greinte, so war sie doch der Stolz des Vaters und der Mutter.
Nur eine Frage gab es jetzt zu klären. Wie sollte sie heißen? An einen Mädchennamen hatten sie nicht gedacht. „Fällt dir einer ein?“, fragte Maria Barbara.
„Dorothea Catrin“, sagte Bach und dachte dabei an seine Lübecker Zeit.
„Dorothea Catrin?“, fragte Maria Barbara mit gerunzelter Stirn. „Wie kommst du darauf?“
„Weiß auch nicht“, sagte er mit ausdrucksloser Miene, um sich nicht zu verraten, „ich finde, er klingt gut. Du nicht?“
„Doch“, sagte sie zögernd und schaute ihn weiter fragend an.

„Was ist?“, fragte er. „Habe ich etwas Falsches gesagt?“
„Nein, nein“, sagte sie, „es kommt mir nur so vor, als hättest du meine Gedanken gelesen. Ich hatte nämlich an den Namen Catharina Dorothea gedacht, nach meiner Schwester Barbara Catharina, und nach Dorothea, der Tochter von Pastor Eilmar. Wärest du damit einverstanden?“
„Aber ja“, sagte er erleichtert, „aber ja! Catharina Dorothea klingt sogar viel besser.“

Marianne Vogel Kopp

Das Weihnachtsoratorium

Das Münster ist besetzt bis auf den letzten Platz, schwaches Abendlicht dringt durch die Fenster der Hochwand und wirft matte Schimmer über den rötlichen Sandstein. Im unüberschaubaren Meer von Köpfen hält Ruedi von der Chortribüne hinunter Ausschau nach Annette, vergeblich, er kann seine Tochter nirgends erspähen. Er ist gespannt, Annette will ihnen heute Abend ihren neuen Freund vorstellen, nach dem Konzert trifft man sich zum Essen. Aber zunächst ist Musik angesagt: Zum vierten Adventssonntag werden die ersten drei Teile von Bachs Weihnachtsoratorium geboten.

Das Licht in den Kirchenschiffen verlöscht, und gleichzeitig hören die Musiker auf ein Zeichen der Konzertmeisterin hin damit auf, ihre Instrumente zu stimmen. Der Chor erhebt sich. Ruedi rückt seine Lesebrille zurecht und erwidert das Lächeln seiner Frau Doris, die ihm aus den Sopran-Reihen erwartungsvoll zunickt. Applaus setzt ein, die Solisten samt Dirigent treten auf und nehmen ihre Plätze ein. Gebannte Stille füllt nun den Raum, verdichtet in der völlig reglosen Gestalt des Dirigenten mit ausgespannten Armen. Endlich die erlösenden Paukenschläge, der Bläsereinsatz, wellenförmig schwellen die Streicher an, der Chor

folgt. Gemeinsam versetzen sie das Münster in einen Klangrausch mit *Jauchzet, frohlocket!*
Nach dem stürmischen Auftakt darf der Chor sich setzen. Alle Köpfe wenden sich nun zur Kanzel hin, wo der Evangelist mit samtweicher Stimme sein erstes Rezitativ beginnt. Ruedi lächelt und ist erstaunt, wie schön dieser gesungene Bibeltext wirkt. Die Pfarrer sollten mehr singen dort oben, denkt er, ihre Botschaft käme viel attraktiver daher.
Bereite dich, Zion, mit zärtlichen Trieben, fordert die Altistin wenig später mit warmer Stimmgebung auf. Fast hätte diese sinnliche Einladung Ruedi davongetragen, wäre sein Blick in diesem Moment nicht auf Erich gefallen, der im Tenor drüben sitzt. *Zärtliche Triebe* ... Genau solche Triebe hätten ihn damals angestiftet, als sie beide noch im selben Betrieb arbeiteten und aufflog, dass Erich, der Buchhalter, fünfundzwanzigtausend Franken aus der Firmenkasse abgezweigt hatte. *Aus zärtlichen Trieben* eben, für seine Frau, die schwer an Rheuma litt, und der Erich damit Aufenthalte im günstigen Klima von Gran Canaria ermöglichte. Liebe hin oder her, denkt Ruedi, gestohlen bleibt gestohlen. Aber der hat seine Strafe dafür gekriegt. Und eigentlich ist er ein armer Kerl seither. Er weiß, dass Erich nie mehr richtig Tritt gefasst hat in der Arbeitswelt. Er jobbt bei einer Sozialfirma, die der ehemalige Münsterpfarrer gründen half. Dieser singt schon lange im Chor mit. Er war es auch, der Erich angeschleppt hat, erinnert sich Ruedi.

Der Choral *Wie soll ich dich empfangen* unterbricht Ruedis missmutige Gedanken. Hinterher ist er milder gestimmt. Was kümmert ihn denn dieser Erich noch, wenn er doch heute Hannes kennenlernt, von dem Annette in den höchsten Tönen schwärmt. Es ist ihr ernst, das spürt er als Vater deutlich. Sie hat sich lange Zeit bedeckt gehalten, verweigerte sich mindestens ein halbes Jahr lang der elterlichen Neugierde. Aber demnächst lüftet sie das Geheimnis, dürfen sie den Supermann endlich kennenlernen. Ja, *wie soll ich dich empfangen,* Hannes, der du auf dem besten Weg zum Schwiegersohn bist. Nicht so einfach, dir meine einzige, unvergleichliche Tochter zu überlassen!

Die Bass-Arie holt Ruedi in die Gegenwart zurück, *der höchste König muss in harten Krippen schlafen.* Auch Gott hatte es noch nie leicht mit seiner Welt, geht Ruedi durch den Kopf, vielleicht hat er Johann Sebastian Bach deshalb zu solch wundervoller Musik inspiriert, um sich selbst damit zu trösten.

Vor dem dritten Teil des Oratoriums ist eine längere Pause eingeplant. Der Chor tritt ab, auch das Publikum regt sich. Doris schenkt Ruedi im geschützten Chorraum hinter der Bühne aus der Thermosflasche Ingwertee in einen Becher. „Hast du Annette und ihren Liebsten schon zu Gesicht bekommen?“ Ruedi verneint.

Doris kehrt zu ihren Sopran-Kolleginnen zurück, während er im Chorgestühl Platz nimmt. Noch hallt das *und den Menschen ein Wohlgefallen* in Ruedi nach. Wohlgefallen an den Menschen, nein, nichts, womit er gesegnet wäre. Er ist toleranter geworden mit den Jahren, das schon, aber deswegen kann er noch längst nicht jeden einfach so annehmen, wie er ist. Seine Wertvorstellungen sind noch immer hoch, unerreichbar hoch, würde seine Frau einwenden. Aber der Mensch braucht doch einen Ansporn, um sich zu verbessern.

Hat er, Ruedi, eigentlich *ein Wohlgefallen* an sich selbst? Ruedi stöhnt und fühlt sich ertappt von seinem inneren Kritiker. Ach, immer wieder stolpert er darüber: Da setzt er Menschen wie diesen Erich herab, bloß weil er immer noch nicht begreifen will, dass die Erde kein Paradies ist, dass Dunkles und Helles vermischt sind, auch in ihm selbst ... gerade in ihm selbst.

Ruedi schlürft den Tee. Auf der anderen Chorseite sieht er Erich in einem Männerkreis stehen. Sie unterhalten sich angeregt. Die verteilen ihr *Wohlgefallen* deutlich lockerer als er, stellt Ruedi mit leisem Verdruss fest.

Herrscher des Himmels, erhöre das Lallen, in den dritten Teil des Weihnachtsoratoriums steigen die Tenöre solistisch ein, die Bassstimmen müssen sich noch etwas gedulden. Ruedi spürt die Energie, mit der ihn diese Musik erneut durchströmt. *Lass dir die matten Gesänge gefallen,* ja, er will jetzt einfach nur noch singen, alles Grübeln lassen und nichts als Teil dieses großen Klangkörpers sein. Kraftvoll stimmt er in den Aufruf ein: *Lasset uns nun gehen gen Betlehem.* Als später die beiden Oboen d'Amore einsetzen und die Sopranistin und der Bass sich in Ruedis Lieblingsduett musikalisch umschmeicheln, wird ihm ganz warm: *Herr, dein Mitleid, dein Erbarmen tröstet uns und macht uns frei.* Auch und vor allem frei von mir selbst, denkt Ruedi, damit ich mir nicht länger selbst im Weg stehe.

Derart weihnachtlich eingestimmt geht Ruedi nach dem Konzert auf Annette zu, die im Gewühl beim Seitenausgang bereits von ihrer Mutter ans Herz gedrückt wird. Die Tochter schlingt die Arme um den Hals ihres Vaters. „Ihr habt euch mächtig ins Zeug gelegt", sagt sie nahe an seinem Ohr, „es war einfach wunderbar!" – „Und, wo steckt jetzt deine Wundertüte?", fragt Ruedi seine Tochter, er kann weder seine Ungeduld noch seinen Gefühlsaufruhr verbergen. „Das ist Hannes", stellt Annette den jungen Mann vor, den sie am Ärmel heranzieht. Ruedis kritischer Blick trifft auf zwei klare, ruhige Augen, die ihm freundlich standhalten. „Ich bin der Ruedi." Er streckt Annettes Freund die Hand entgegen und weiß sofort, dass auch ihm dieser Mann gefällt.

„Annette und ich haben uns gedacht, es wäre schön, wenn heute Abend auch mein Vater mitkommen könnte. Meine Mutter wäre sicher auch gern dabei gewesen, sie verstarb leider vor vier Jahren." – „Schade", nickt Ruedi, „aber schön, dass wenigstens dein Vater da ist." Hannes tritt zur Seite. Das Lächeln des Älteren erstarrt einen Sekundenbruchteil lang, ein

Abgrund scheint sich zu öffnen, aber anstatt ihn zu verschlingen, steigt eine Klangwolke aus ihm auf: *Herr, dein Mitleid, dein Erbarmen tröstet uns und macht uns frei* ... Ruedi atmet durch, dann umarmt er den hageren Mann vor ihm und klopft ihm auf die Schulter: „Du, Erich? Na, so was. Sei uns willkommen!“

Hanns Dieter Hüsch
Dezember

Im Dezember sagt meine Frau immer:
„Guck doch mal nach, ob es nicht irgendwo ein Weihnachtskonzert, ein Weihnachtsoratorium, eine Weihnachtskantate oder wenigstens ein Adventssingen oder ein Adventsspiel gibt, wegen der Stimmung."
„Wegen der Stimmung?"
„Ja", sagt sie, „wegen der Stimmung. Ich hab so eine Vorweihnachtsstimmung. Die hatte ich immer schon, schon in der Kindheit. Guck doch mal in die Zeitung. Wenn es geht, in einer kleinen Kirche."
„Also, was nun", frage ich zurück, „in der Zeitung oder in einer kleinen Kirche? Wo soll ich nachgucken?"
„Mach jetzt keinen Blödsinn", sagt meine Frau. „Das kannst du das ganze Jahr machen, aber nicht im Dezember, wenn ich ein bisschen vom Advent spüren möchte."
„Ich habe einmal", sage ich, „ich habe einmal den Nikolaus gespielt, und die Kinder haben mich gleich erkannt."
„Du musst dich ja nicht verkleiden", sagt meine Frau. „Ich will doch nur ein bisschen von den alten Weihnachtsliedern vorweg hören, vierhändig oder gesungen. Dazu ein paar Kerzen.

„Ja“, sage ich, „und über dem Ofen werden dann Apfelsinenschalen zerbröckelt, das gibt dann diesen schönen Duft, und Tannenzweige geröstet.“
„Ja“, sagt meine Frau, Tannenzweige.
„Vierhändig“, sage ich.
Blödmann, sagt meine Frau. „Mein Vater machte das immer mit den Tannenzweigen.“
„Also gut“, sage ich, „ich guck mal in die Zeitung.“
So, Leser und Leserin, fängt bei uns der Dezember an, für mich der silberne Monat.
Ja, ich weiß, Sie haben sich längst vom silbernen Lametta abgewandt. Bei Ihnen herrscht wahrscheinlich Rot-Grün, grüner Baum, rote Kerzen, Spielzeug aus dem Riesengebirge, Äpfel und Nüsse, auch sehr schön. Oder alles in einer Farbe, wie ist es mit Türkis? Komisch, ich bin ein so altmodischer Hund, dass ich an mich selbst nicht mehr glaube.
Aber es hängt die Kindheit tief in meinem Innern, ob es nun Gemüt oder Seele heißt, gleichviel, ich bügele immer noch das silberne Lametta schön glatt, bevor ich’s über einem Ast abwerfe. Und ein Baum ohne Spitze, ohne Glöckchen, ohne Trompete und ohne Stern ist für mich kein Baum.
Engelhaar muss nicht unbedingt sein, das sieht immer so nach Zuckerwatte von der Kirmes aus.
Tante Liese, meine Lieblingstante, die vor Jahren abends vor dem Schlafengehen immer meine verkehrten Füße mit Franz-

branntwein einrieb und sich große Sorgen um mich machte, hat am 8. Dezember Geburtstag.
Sie guckt ganz sicher vom Himmel aus zu, um zu wissen, was ich so im Dezember mache. Und ich gucke also in die Zeitung, ob ich nicht einen Hinweis auf ein Weihnachtskonzert, ein Weihnachtsoratorium, eine Weihnachtskantate oder wenigstens ein Adventssingen oder ein Adventsspiel finde, wo wir hingehen können, meine Frau und ich.
In eine kleine Kirche natürlich, mit viel Schnee drum rum, wie meine Frau sich das mal wieder vorstellt.
Wehe, ich finde nichts.
Der Dezember ist der silberne Monat.
Das ist für mich gar keine Frage und ich habe nichts gegen ihn, auch weil er der letzte Monat ist, weil er müde vom Jahr ist, der arme Kerl.
Und dann jetzt noch dieser Aufruhr und diese Hetze. Jeder Tag ist ein Einkaufstag:
Nachher ist nichts mehr da.
Ich finde mich in den Geschäftsstraßen nicht mehr zurecht.
Alles rennt und flüchtet sich wieder nach Hause.
Weihnachten kommt näher und näher, macht Angst, macht Freude. Der Dezember macht einen so unsicher.
Macht man alles richtig? Findet man das passende Geschenk?
Die Kinder sind krank vor Aufregung oder täusche ich mich mal wieder?

Silvester kommt ja auch noch. Wollen wir diesmal Kaviar kaufen?

Also erst mal Weihnachten.

Hauptsache, wir sind gesund, wir leben, wir leben alle noch im Dezember.

Haben wir nicht im vergangenen Dezember gesagt:

Hoffentlich sind wir im nächsten Jahr um diese Zeit alle noch gesund, alle noch da!

Und vielleicht schaffen wir es doch noch, die kleinen Streitigkeiten aus der Welt zu schaffen. Oh, Herr, lass Heiligabend werden, denkt die Hausfrau und bricht fast zusammen.

Jesus Christus hilft ihr wieder auf, und dann gibt es Kartoffelsalat, Knackwürstchen und schwarzen Tee, nicht nur wegen der Einfachheit sondern, weil das bei uns schon lange immer so war und ist.
An diesem 24. Dezember auch wieder.
Der Dezember ist ein wichtiger Monat.
Er macht uns in wenigen Augenblicken klar, dass wir freundlich zu allen Kreaturen sein sollen, eingedenk, dass auch uns mal ein Jahresende bevorsteht.
Aber doch jetzt noch nicht, nein, nein, in diesem silbernen Dezember, nein.
Ich sage ja immer, ruhig bleiben und fröhlich sein.
Also dann, Leser und Leserin, danke und Glück auf.
Und, auch wenn Sie allein sind, Tach zusammen!

Thomas Hanstein
„Ein ehrenwertes Haus" – Herbergssuche 2018

Ich kann nicht sagen, ob ich mich nochmals dieser Herausforderung stellen würde, wenn ich gewusst hätte, wie emotional diese Veranstaltung werden sollte. Und auch, wie wenig berechenbar und schwierig kommunikativ zu handhaben. Die öffentlichen Einrichtungen hatten vor, auf diesem Weg die Bürger darüber zu informieren, wie man derzeit plane, mit der Herausforderung „Flüchtlingsansturm" umzugehen. Der mir bis dahin nicht bekannte Gemeindesaal war gut gefüllt, die Stimmung nicht greifbar und zunehmend aufgeladen, die ersten Emotionen kamen bei angstbesetzten Fragen: Wie sie ihre Tochter denn jetzt noch allein vom Turnen heimgehen lassen solle, platzte eine besorgte Mutter als Erste herein. Eine andere griff den Einwurf direkt auf und sprach von der nun ständigen Gefahr von Vergewaltigungen. Die öffentlichen Vertreter waren offenbar gut vorbereitet oder zumindest professionell geschult. Sie reagierten sachlich, blieben ruhig. Heute, wenige Jahre später, frage ich mich nicht nur, ob ich diese Einladung so blauäugig nochmals annehmen würde, sondern auch, ob man die entsprechenden Mitbürger daran erinnern dürfte,

was sie damals an Generalverdacht gegenüber Fremden öffentlich in den Raum gestellt hatten. Wohl eher nicht.
Heute hat sich die Lage entspannt, bürgerschaftlich initiierte Helferkreise hatten sich auffallend rasch gebildet. Freiwillige organisierten von sich aus, was die öffentliche Hand noch lange Zeit mehr als überfordert hätte. Es dauerte nicht lange, da sah man den ersten Geflüchteten in einem Geschäft, den zweiten in einem Verein, den dritten beim Elternabend. Einem begegnete ich in den ersten Wochen beim Joggen. Auffällig war das breite Lachen, das ich von Weitem schon sah, und dann – auf seiner Höhe angekommen – das herzliche „Grueße Good, guden Dag“, das er mir kräftig und stolz entgegenwarf. Obwohl wir uns nicht kannten, nirgends zuvor gesehen hatten. Da war das tiefe Bedürfnis zu spüren, bei uns anzukommen und auch angenommen werden zu wollen. Integration, so habe ich damals öffentlich oft vertreten und geschrieben, funktioniert nur wechselseitig. Natürlich habe ich zurückgegrüßt, doch ich bezweifelte damals auch, dass es jeder hier so gemacht hätte. In einer Gaststätte nahm ich wenige Tage später eine Auseinandersetzung wahr, die die Situation mit Fremden aufgriff. Die breite Mehrheit hatte sich dafür ausgesprochen, dass man möglichst vielen Menschen helfen müsse. Hartnäckig bis verbissen wehrten sich zwei Männer gegen diese Ansicht. Es sei doch eine einfache Rechnung, meinte einer. Wenn mehr vom selben Kuchen essen wollten, müssten

auch die Stückchen für alle kleiner werden. Ein anderer am Stammtisch hatte dieses Argument mit ironischer Zunge zu entkräften versucht und feststellen wollen, dass es beiden doch guttäte, weniger zu essen. Als der zweite aus der Minderheit aggressiv einwarf, dass er schon heute nicht wüsste, wo seine zwei Kinder noch einen bezahlbaren Bauplatz bekommen sollten. Er sei dafür damals nicht nach Deutschland gekommen. Und geerbte Flächen habe er, wie man wohl wisse, nicht. Nun hatte er die Karten auf den Tisch gelegt: Die eigentliche Ironie bestand darin, dass er sich als damaliger „Spätaussiedler" so sehr integriert hatte, dass er heute diese Erfahrung keinem anderen mehr zu gönnen schien. Wer hart für etwas gearbeitet hat und – im Gegensatz zu allen anderen am Tisch – auf nichts zurückgreifen konnte, der hat auch das Recht, nichts wieder abzugeben. Hierin waren sich beide einig. Dass auch damals Menschen mit im Spiel waren, die es gut mit ihnen und ihren Familien gemeint hatten, das wurde nicht thematisiert. Vermutlich war dies als Selbstverständlichkeit hingenommen worden. Und was man hat, das hat man – das hatten sie als Haltung im Zuge ihrer eigenen Integration im Schwabenland offensichtlich nicht nur gelernt, sondern als Wert tief verinnerlicht.

An einem der Häuser, in denen Flüchtlinge untergebracht waren, befand sich eine Stelle, an der ich mich beim Joggen gern dehnte. Die Menschen hier schien es von Anfang an überhaupt nicht zu stören, dass ich mich da ausbreitete. Sie schauten, lächelten, wir nickten uns zu, Kinder liefen an mir vorbei und auch schon mal um mich herum, spielten weiter. Was ich tat, wurde nicht bewertet noch infrage gestellt. Man ließ mich – und ich ließ sie. Manchmal winkten wir uns auch zu, wenn ich wieder weiterlief. Meine Übungen dauern zwischen zehn und zwanzig Minuten, sodass ich es zeitlich relativ gut einschätzen kann. Jene merkwürdige Begebenheit, die ich während des kompletten Dehnprogramms beobachtete: Zwei ältere Frauen trafen sich vor dem Haus, wohl eher zufällig, beim Spazierengehen. Zuerst unterhielten sie sich einander zugewandt, dann, die meiste Zeit des Gespräches über, mit Blick auf das Haus gerichtet, seinen Vorgarten und Schuppen. Und es blieb nicht beim Betrachten. Hände wurden gehoben, Zeigefinger musterten alles, was nicht ihrem Verständnis von Ordnung entsprach: die Fahrräder, die im Freien standen, die Wäsche, die im Regen hing, vor allem aber die Waschmaschine, die – offensichtlich in der Tat schon längere Zeit – mitten im Garten abgestellt war. An ihr lehnten gelbe Wertstoffsäcke. Ich stellte mir vor, dass ich da drinnen sitzen würde. Wie müssten die beiden auf mich wirken? Im Gegensatz zur vertrauten Situation meiner Übungen war aber nun auch keiner mehr da, sie schienen sich wie versteckt zu haben. Vielleicht beobachteten sie auch von innen die deutschen Zeigefinger da draußen. Was ich bedauerte: dass

Menschen Urteile fällen, ohne vorher auf die Idee zu kommen nachzufragen. Wie ich später hörte, war den Neubürgern eine defekte Maschine „geschenkt“ worden. Vermutlich hatte sich damit jemand aus der Gegend seinen Schrott vom Leib geschafft. Ob sie das „Ehrenwerte Haus“ kennen würden, fragte ich die beiden einheimischen Beobachterinnen keck. Nein, was das sein solle, bekam ich kurz zur Antwort. Und da neunzig Minuten Waldlauf ihre hormonelle Wirkung hinterlassen hatten, fing ich freiweg an zu singen: „In diesem Mietshaus wohnen wir seit einem Jahr und sind hier gut bekannt, doch stell dir vor, was ich soeben unter unsrer Haustür fand ...“ Die Frauen wandten sich ab, schauten dann zum Haus, und eine meinte: Das sei ja unmöglich, unerhört sei das – und überhaupt: was „die da drinnen“ von uns denken würden. „Ja eben ...“, meinte ich und sprang, in mich hineinsummend, weiter: „Wenn du mich fragst, diese Heuchelei halt' ich nicht länger aus ... dadadadidadadadada ...“

Seitdem habe ich in der Seelsorge viel mit dem Weihnachtsbild von Beate Heinen gearbeitet. Die Künstlerin vom Laacher See hat vor über 40 Jahren ein Weihnachtsmotiv gemalt, das aktueller denn je ist: Maria sitzt mit dem Neugeborenen in einem ummauerten Hof, neben Mülltonnen, baulich abgegrenzt von allen anderen Häusern und auch der Kirche. Die so isolierte Mutter-Kind-Szene verbreitet in dieser dunklen Ecke einen Glanz, der sich in den rückwärtigen Mauern der Häuser und an den Tonnen spiegelt. Es sieht ihn nur niemand. Für mich ist dieses Bild ein Appell und eine Irritation in Richtung jedweder Moral, die sich über Menschen stellt. Denn was Weihnachten mit Ablehnung der Heiligen Familie beginnt, setzt sich am Karfreitag mit einer tausendfach belegbaren Erfahrung fort: Wenn eine Gruppe aus welchen Gründen auch immer beschlossen hat, jemanden mit Moral auszuschließen und ihn sozial zu stigmatisieren, dann findet sie auch Mittel und Wege dazu. Denn immer beginnt es mit vermeintlich unbedeutenden Bemerkungen oder angeblich unverdächtigen Handbewegungen. Und immer kommt es dabei auch auf die entscheidende Frage an: wie weit wir Menschen bereit sind, Gott wirklich das letzte Wort zu lassen und ihn im Kleinen, Unbedeutenden und auch Fremden erkennen zu wollen. Macht und Moral waren auf jeden Fall schon immer anfällig für allen möglichen Missbrauch.

„Wo man singt, da
lass dich ruhig nieder

Johann Gottfried Seume

Karl May

Euer Heiland Jesus Christ

Ich verkünde große Freude,
die euch widerfahren ist,
denn geboren wurde heute
euer Heiland Jesus Christ!

Jubelnd klingt es
durch die Sphären,
Sonnen künden's jedem Stern;
Weihrauch duftet auf Altären,
Glocken klingen nah und fern.

Tageshell ist's in den Räumen,
alles atmet Lust und Glück, und
an bunt geschmückten Bäumen
hängt der freudetrunkne Blick.

Es war am sechsten November, nach der letzten Vormittagsstunde, als ich zum „Alten" gerufen wurde. Zwei Treppen hinnauf, jede zwanzig Stufen, auf jede zwanzig Schläge meines Herzens, macht in summa achtundert; weniger sind es wahrscheinlich nicht gewesen. Ich klopfte an, trat ein und – sah

nichts, weil meine Augen nebelten. Es vergingen einige Augenblicke; der Nebel teilte sich, und ich sah den Gewaltigen mit Augen, als ob er mich durchbohren wolle, vor mir stehen.
„May!“, erklang es in seinem tiefsten Bass.
Ich verbeugte mich. Was ich für ein Gesicht gemacht habe, das weiß ich nicht, denn nur er hat es gesehen und mir nichts darüber angedeutet.
„May!!“
Ich verbeugte mich wieder.
„May!!!“
Dritte Verbeugung; aber nun war ich entschlossen, mich nicht mehr zu bücken.
„Sie – sind – ja – ein – ganz ...“
Ich sah ihn so scharf an, dass er innehielt; beleidigen wollte ich mich auf keinen Fall lassen. Da lachte er und fuhr in einem ganz andern Tone fort:
„Geht mich eigentlich nichts an, ganz und gar nichts; ist nur Ihre Privatsache, wenn Sie sich mit Blamagen herumriskieren. Warum auch nicht? Sie sprechen ja stundenlang in Knüppelversen, und Ihr Deutsch – hm! Aber Sie hätten es mir doch wenigstens vorher zur Durchsicht geben können!“
„Das Gedicht?“, fragte ich.
„Natürlich! Ich hätte die Fehler angestrichen, die noch drinstecken und von dem Redakteur gar nicht bemerkt worden sind. So ein Mensch weiß ja gar nicht, was zu einem guten

Gedicht gehört; woher sollte er es auch wissen?! Kuh – Muskate ...!“
„Es ist also zurückgeschickt worden?“
„Ja, im Probedruck, so was man Korrektur oder Revision nennt. Dabei ein Brief, nicht an Sie, sondern an mich. Sie bekommen ihn natürlich nicht zu lesen – fällt mir gar nicht ein! Ich werde antworten, dass zwar Ihr Name, aber sonst weiter gar nichts unter das Gedicht gesetzt werden darf; Sie verfallen sonst dem Tintenteufel, der der schlimmste von allen Teufeln ist. Haben mehr zu tun, als Gedichte zu machen! Junges Bürschchen!“
Ich holte tief, tief Atem. Also meine „Zweiunddreißig“ waren angenommen worden! Dritter Preis, zehn Taler ...! Mir wollte es wieder vor den Augen nebeln! Da fuhr er fort:
„Was ich sagen wollte: Werde Ihnen die Nachhilfsstunden von jetzt an bar bezahlen, zweimal fünf, also zehn Groschen. Den Sonnabendstisch behalten Sie trotzdem. Werde Sie wegen Ihrer Kühnheit und dem Gedichte später noch extra vornehmen; habe jetzt keine Zeit; muss zu Tische gehen. Hier ist das Geld. Nun gehen Sie!“
Er gab mir ein Couvert in die Hand. Ich bedankte mich mit vor Aufregung heiserer Stimme und schoss zur Tür hinaus, nachdem ich eine ganz besonders tiefe Verbeugung gemacht hatte, der ich doch vorhin fest entschlossen gewesen war, keine mehr zu machen.

Wie ich die Treppe hinunter und dann in meine „Bude“ gekommen bin, das weiß ich selbst heut noch nicht. Ich öffnete das Couvert. Was war darin? Ein kurzes Schreiben der Redaktion – drei Zehntalernoten! Die schreckliche, große blaue Kröte hatte, wie jede Kröte im Märchen, Geld für mich bedeutet – nicht den dritten, sondern den ersten Preis.
Was ich tat, als ich wieder ruhig geworden war? Die Antwort ist nicht nötig! Ich habe weder in guten noch in schlimmen Lagen jemals vergessen, dass das Gebet eine heilige Pflicht ist und Erleichterung bringt.
Und wie es – wenigstens dem Sprichworte nach – mit dem Unglücke ist, so ist's auch mit dem Glücke; es kommt niemals allein. Als ich am Nachmittag zum Unterricht bei meinem alten Kantor erschien, zeigte er sich außerordentlich aufgeräumt. Er war zwar stets ein lieber, alter, munterer Herr, heut aber zeigte er sich besonders heiter und gesprächig und ließ einige Andeutungen über „gute Arbeit“ und „Buchhändlergeld“ fallen, sodass ich mir im Stillen sagte, dass er mit dem „Alten“ über meinen Glücksfall gesprochen haben müsse. Als ich nach der Stunde, wie ich gewöhnlich tat, denn ich borgte nie, den Taler auf die gewohnte Stelle legte, sagte er:
„Ist nicht nötig, lieber May! Sie können Ihren sauer verdienten Taler behalten.“
„Dieser hier ist nicht sauer verdient, Herr Kantor.“
„Nicht? Wieso? Vielleicht ein Geschenk?“

„Nein, kein Geschenk. Er ist verdient, aber nicht sauer. Ich habe dreißig Stück bekommen; das wissen Sie doch!"
Er sah mich erstaunt an und fragte:
„Dreißig Stück, dreißig Taler! Sie Krösus, Sie! Und ich soll es wissen? Keinen Laut, keine Note, keine halbe, keine Sechzehntelnote habe ich davon gehört!"
„Aber Sie haben doch vorhin davon gesprochen!"
„Ich? Nicht dass ich wüsste!"
„Sie sprachen von Buchhändlergeld!"
„Ja, das habe ich freilich getan; aber das ist etwas, wovon Sie noch gar nichts wissen. Was hat es denn für eine Bewandtnis mit Ihren dreißig Talern? Oder dürfen Sie es nicht erzählen?"
„Natürlich darf ich es! Und grad Sie, Herr Kantor, sind der, dem ich es am liebsten erzähle!"
Er lief, indem ich es tat, ganz aufgeregt in seinem kleinen Zimmer hin und her und rief, als ich zu Ende war:
„Dreißig Taler, dreißig schwere Taler für ein Gedicht, für – wie viel Strophen hat es?"
„Zweiunddreißig vierzeilige."
„Auch noch bloß vierzeilige! Das macht achtundzwanzig Groschen pro Strophe und sieben Groschen für jede Zeile, für jeden Vers! Dazu die Ehre, den ersten Preis errungen zu haben! Und ich habe Wunder gedacht, was ich da – na warten Sie noch! Haben Sie Ihr Gedicht im Kopfe?"
„Ja."

„Her damit! Ich will auch einmal ein Preisgedicht für dreißig Taler hören!“
Während er immer noch lebhaft hin und her wanderte, stellte ich mich in die einzige freie Ecke und deklamierte:

„Ich verkünde große Freude,
die euch widerfahren ist,
denn geboren wurde heute
euer Heiland Jesus Christ!

Jubelnd tönt es durch die Sphären,
Sonnen künden's jedem Stern;
Weihrauch duftet auf Altären,
Beter knien nah und fern.

Horch, da schallt vom nahen Dome
feierlich der Glocken Klang,
und im majestät'schen Strome
schwingt sich auf der Chorgesang:

‚Herr, nun lässest du in Frieden
deinen Diener zu dir sehn,
denn sein Auge hat hienieden
deinen Heiland noch gesehn!‘“

„Halt, halt!“, unterbrach er mich da eifrig. „Das Gedicht scheint ja gut, ganz gut zu sein, aber zweiunddreißig Strophen, das ist mir zu lang, viel zu lang. Ich muss Ihnen etwas sagen und kann nicht damit warten, bis Sie zu Ende sind. Da, sehen Sie sich einmal das hier an! Kennen Sie das?“

Er hielt mir ein gedrucktes Notenheft hin und sah mir dabei mit dem Ausdrucke größter Spannung in das Gesicht. Es war die Partitur einer Motette, in welcher die separat gedruckten Stimmen lagen. Ich las den Anfang des Textes: „Siehe, ich verkündige euch große Freude ...“

„Nicht hier lesen, nicht hier, sondern den Titel, den Titel!“, drängte er ungeduldig.

Ich tat es und erschrak, aber in freudiger Weise, denn es war meine Motette, die mir auf eine so unerklärliche Art abhandengekommen war.

„Nicht wahr, das ist etwas, das ist auch etwas?“, fragte er triumphierend. „Eine gedruckte Komposition ist mehr, viel mehr wert als ein gedrucktes Gedicht. Ein Gedicht kann jeder machen, der die Reime dazu aus der Luft hergreift; aber eine Komposition, das ist etwas ganz anderes; das kommt nicht aus der Luft, sondern woandersher! Da muss man etwas gelernt und ganz besonders einen tüchtigen Lehrer gehabt haben. Und gute, tüchtige Lehrer können nur die Herren Kantores sein, welche die Orgel schlagen und den Kirchengesang leiten. Der Kirchengesang ist die höchste ...“

„Aber bitte, Herr Kantor“, unterbrach ich seinen Redefluss, „Sie sehen mich im höchsten Grade erstaunt. Diese Motette habe ich nicht komponiert, dass sie gedruckt werden soll; sie ist eine Übungsarbeit, die im Kasten liegen bleiben sollte; plötzlich aber war sie weg. Wie ist sie in Ihre Hände gekommen, und woher wissen Sie, dass sie von mir ist? Auf dem Originale hat mein Name nicht gestanden.“

„Das ist wahr, sehr wahr“, lachte er. „Aber denken Sie denn wirklich, dass ich Ihre Handschrift nicht kenne und auch die von Krüger nicht?“

„Krüger?“, fragte ich. „Welchen Krüger meinen Sie?“

„Dumme Frage! Natürlich Krüger, der Ihnen damals wegen Ihrer Arbeit über die Quintseptakkorde die erste Zensur abtreten musste. Er hat sich rächen wollen, wird aber nun durch mich bestraft, dass er sich blau ärgern soll!“

„Ich verstehe Sie noch nicht.“

„Immer noch nicht? Sie sind doch sonst nicht so schwer von Begriffen. Da muss ich Ihnen doch gleich noch zweierlei zeigen, worüber Sie sich, wenigstens über das eine, wahrscheinlich wundern oder aber auch ärgern werden. Da, zunächst das. Wessen Handschrift ist das?“

Er gab mir ein großes, abgestempeltes Couvert, auf welchem sein Name stand. Ich brauchte nur einen Blick darauf zu werfen, um antworten zu können:

„Das hat Krüger geschrieben; man sieht es sofort.“

„Ja, der Kerl hat sich nicht einmal Mühe gegeben, seine Hand zu verstellen. Er hat wahrscheinlich gedacht, dass ich das Couvert wegwerfe, ohne es anzusehen. Nun aber das. Sehen Sie es sich genau an!"
Es war meine Partitur der Motette. Indem ich die Systeme nur flüchtig überblickte, fand ich nicht, was er meinte; da machte er mich darauf aufmerksam:
„Halten Sie das Papier gegen das Licht, so werden Sie die radierten Stellen finden."
„Was! Er hat radiert?"
„Ja, er hat radiert, um Fehler hineinzumachen; die Absicht können Sie sich wohl denken!"
„Das wäre eine Schlechtigkeit, eine Gemeinheit, die ..."
„Lassen Sie das!", unterbrach er mich. „Ich habe die Sache schon selbst in die Hand genommen. Ich habe ihn vorgehabt, und er hat es eingestehen müssen; die Sache wird noch vor die Konferenz kommen. Inzwischen habe ich eine Abschrift, natürlich ohne die hineingemachten Fehler, genommen und die Motette dann dem Buchhändler eingeschickt, Ihnen zuliebe und diesem Krüger zum Ärger. Er hat sie angenommen, und wissen Sie, welches Honorar er Ihnen zahlt?"
„Honorar? Also Geld, auch hier Geld?"
„Natürlich! Geschriebene Noten gegen Banknoten oder klingende Münze; anders tue ich es nicht. Er hat einstweilen fünfhundert gedruckt und dafür fünfundzwanzig Taler bezahlt.

Sie bekommen also zwar bloß fünfzehn Pfennige für das Exemplar, aber das ist doch immer besser, als wenn die Motette in Ihrem Kasten läge und gar nichts brächte. Er schickte Papiergeld; ich habe es aber umgewechselt, weil Silber besser klingt. Es ist ein ganzer großer Haufen Geld. Da haben Sie ihn! Lassen Sie nichts davon fallen!"

Er zog den Tischkasten auf, griff mit beiden Händen hinein und hielt sie mir dann, gefüllt mit Talerstücken, hin. Ich war beinahe bestürzt über diese zweite, so ganz unerwartete Gabe des Glückes. Er schob mir das Geld lachend hüben und drüben in die Hosentaschen und rief dabei:

„Nehmen Sie nur, nehmen Sie! Wer weiß, ob Ihnen in Ihrem ganzen Leben wieder einmal eine Komposition auch nur einen Groschen einbringt; drum greifen Sie jetzt zu; Sie können es ja brauchen! Übrigens wird die Motette eingeübt und hier in der Kirche gesungen; der Krüger muss platzen vor Ärger, das heißt, wenn er nicht schon vorher fortmuss, denn die Gemeinheit, welche er hier bewiesen hat, verdient eine so exemplarische Bestrafung, dass ich überzeugt bin ..."

„Bitte, Herr Kantor", fiel nun ich ihm einmal in die Rede. „Sie sind mir immer freundlich gesinnt gewesen, und ich denke, dass Sie mir auch jetzt die Erfüllung eines Herzenswunsches nicht abschlagen werden."

„So? Hm, ich ahne schon! Was ist das für ein Wunsch?"

„Bringen Sie Krüger nicht vor die Konferenz! Ich bin heute so glücklich und würde die ganze Freude an diesem Glück verlieren, wenn er in Strafe käme."
„Ist das nicht zu viel verlangt?"
„Wohl nicht. Er ist ja die eigentliche Ursache der frohen Überraschung, die Sie mir bereitet haben. Sie hätten gewiss keinen Verleger für die Motette gesucht, wenn er sie Ihnen nicht eingeschickt hätte, um mich in Ihrer Meinung herabzusetzen."
Da gab er mir die Hand und sagte, jetzt ernster als vorher:
„Sie machen mir eine doppelte Freude. Nämlich erstens, dass Sie für Krüger bitten. Ich habe ihn nur deshalb noch nicht zur Anzeige gebracht, um ihn mit meinem Verweise und einem tüchtigen Ärger davonkommen zu lassen. Darum habe ich gewartet, bis die Motette gedruckt worden ist. Hätten Sie die Anzeige gewollt, so wäre sie erfolgt; nun aber soll er noch einen kräftigen Rüffel unter vier Augen bekommen und dabei erfahren, dass er die übrige Straflosigkeit nur Ihrer Fürbitte verdankt. Er wird sich blau und schwarz darüber ärgern, dass die Motette im Druck erschienen ist, dass sie Ihnen Geld eingebracht hat und dass er sie nun sogar mitsingen muss."
„Soll er das?"
„Ja; anders tue ich es nicht; er hat eine gute Stimme und soll sogar, grad zu seinem Ärger, ein Solo bekommen, nämlich, wissen Sie, den dreistimmigen Solosatz in As-Dur mit dem Texte: ‚Drum gehet hin nach Betlehem; da werdet ihr finden

das Jesuskind in einer Krippe liegen.' Das war der erste Punkt, über den ich mich um Ihretwillen freue. Der andere Punkt bezieht sich auf Ihre Einsicht, dass ich Ihre Komposition ohne den angegebenen Grund wohl keinem Verleger angeboten hätte."

„Natürlich! Eine Schülerarbeit, mit vielen Unterlassungsfehlern, weiter nichts!"

„Richtig, sehr richtig! Das Wort ‚Unterlassungsfehler' ist gut gewählt und bezeichnet genau das, was ich sagen will. Da Sie die Musik nicht als Fachstudium treiben wollen, werden Sie zwar so viel komponieren lernen, wie man, um mich eines Volksausdruckes zu bedienen, für Haus und Küche braucht, mehr nicht; das genügt aber auch für Sie. Aber auch nur so weit sind Sie jetzt noch lange nicht. Sie haben zwar mit dieser Motette aus Zufall einen Treffer gemacht, aber ob Sie jemals wieder einen solchen machen werden, das lässt sich jetzt nicht sagen, denn Sie haben noch viel, sehr viel zu üben und zu lernen. Ich meine, dass Ihnen ernste, fromme Themata am besten glücken werden; das liegt überhaupt auch so in Ihrem ganzen Wesen. Direkte Fehler, sogenannte Begehungssünden, kommen in Ihrer Motette nicht vor; sie ist dasauber geschrieben. Aber die Übung fehlt, die Gewandtheit, die Inspiration. Denken Sie sich einen guten Sonntagsreiter und dann einen Schulreiter im Zirkus! Der Sonntagsreiter in der Komposition sind Sie; es fehlt Ihnen die hohe Schule; Sie kennen

Ihr Pferd nicht und auch nicht die verschiedenen Hilfen, die Sie ihm geben müssen. So etwas will nicht nur angeboren, sondern auch gepflegt und geübt sein. Ein geübter Reiter der Hohen Schule würde Ihre Motette ganz anders ein- und zugeritten haben. Verstehen Sie mich?"
„Ja, Herr Kantor. Ich sitze zu steif im Sattel und habe zwar körperliche, aber nicht auch geistige Fühlung mit dem Pferde."
„So ist es; ja, so ist es ganz genau! Darum habe ich, wie Sie später wohl merken werden, einigen Ihrer steifen Figuren mehr Gewandtheit verliehen. Sie werden mir das, wenn Sie die Motette erst singen hören, nicht übelnehmen, zumal ich Ihnen von Ihren fünfundzwanzig Talern nicht einen einzigen dafür in Abzug bringe."
Der liebe, alte Herr sagte das mit seinem hübschen, herzgewinnenden Lächeln; dann fügte er hinzu, indem er mir die Hand zum Abschiede reichte:
„Ich würde Ihnen, dem armen Teufel, den Unterricht gern umsonst erteilen, aber Sie wissen ja, dass ich das bei meinen Gehaltsverhältnissen nicht kann. Sie werden das überstehen und vielleicht einst wohlhabender werden, als ich bin. Denken Sie dann an Ihren alten Kantor, der Ihrer ersten Motette auf die Beine geholfen hat. Nehmen Sie das Leben auch fernerhin so ernst wie jetzt, und nun für heut leben Sie wohl!"
Dieser brave Kantor, der mir stets mit gleichem Wohlwollen entgegenkam, gehört zu denjenigen Personen, denen ich

noch jetzt, nach langen Jahren, eine unverminderte Dankbarkeit widme. Man wird später erkennen, warum ich diese freundliche Scene von ihm erzählt und dabei keinen Namen genannt habe. Er war ein Ehren- und humaner Mann, verlegte aber seine Welt nur in das kleine Notenzimmer, weil er auf Familienglück hatte verzichten müssen. Man kannte seine Frau als arge Xantippe, die, wie man sich erzählte, den einzigen Sohn, den sie besaßen, durch ihre Härte nach Amerika getrieben hatte.

Ich war also im Besitze von fünfundfünfzig Talern; damals welch ein großartiger Reichtum für mich! Es war mir zu viel; ich war ja gesund und konnte arbeiten. Dreißig schickte ich meinen armen Eltern; zwanzig legte ich für unvorhergesehene Bedürfnisse zurück, und fünf bestimmte ich zu einer Weihnachtsreise, auf welcher ich mich ausnahmsweise einmal recht splendid behandeln wollte. Fünf harte Taler zu einer Reise von höchstens einer Woche, die konnten ja gar nicht alle werden! Noch mehr als zwanzig Groschen pro Tag, das musste ja das reine Schlaraffenleben werden! Ich munkelte sogar ganz heimlich schon davon, natürlich zu mir selbst, dass ich mir unter Umständen eine halbe Flasche Wein, natürlich so billig und aber auch so gut wie möglich, gestatten werde. Welche Sorte ich wohl wählen und wie hoch im Preis ich gehen dürfe, das beschäftigte mich sehr lebhaft täglich in der halben Viertelstunde, welche dem Einschlafen voranzugehen

pflegte! Du glückliche Zeit, wie lange bist du vorüber und niemals, niemals zurückgekehrt!
Der Kantor machte sein Versprechen wahr; die Motette wurde eingeübt und Krüger musste das dreistimmige Solo mitsingen, wofür er mich mit einem Hass bedachte, der mir manchen Ärger bereitete.
Dann erschien mein Weihnachtsgedicht; jeder Mitschüler wollte es haben; die betreffende Nummer des Blattes wurde infolgedessen in vielen Exemplaren von unserer Buchhandlung bezogen, und als nachher das allmonatliche Freideklamieren stattfand, so genannt, weil jeder sein Gedicht sich selbst wählen konnte, leiteten alle meine dreiundzwanzig Klassengefährten ihre rhetorischen Produktionen folgendermaßen ein: „Weihnacht, Gedicht von Karl May". Ich war der Einzige, welcher einem sogenannten Klassiker die Ehre erwies, auch mit genannt zu werden. Es wurde Mode, mein Gedicht im Notizbuch überall mit herumzutragen, um es bei jeder unpassenden Gelegenheit hervorzunehmen, und ich hatte das zweifelhafte Glück, noch monatelang mit Fragen bestürmt zu werden, warum ich grad diese und nicht jene Wendung gebraucht oder grad diesen und keinen anderen Reim gewählt habe. Es wurden Verse über Verse geschmiedet, bis die ganze Lehrerschaft sich endlich über die „Katheten und Moneten", „Verbalien und Australien", „Romulus und Fidibus", „Multiplikant und Elefant" so erbost fühlte, dass unter

dem Vorsitze des bereits genannten „Alten“ beschlossen wurde, gegen diesen Unfug ohne Nachsicht vorzugehen. Die nun folgenden Verweise und anderen Strafen erreichten zwar ihren Zweck, hatten aber leider für mich die Folge, dass ich, der vorher so Vielumworbene, nun wie eine „Selters unter lauter Champagnerflaschen“ gemieden wurde, was den ebenso wohlbegründeten wie unerschütterlichen Vorsatz in mir wachrief, meine etwaigen Gedichte auf alle Fälle erst nach meinem Tode erscheinen zu lassen. Dass ich diesem Entschlusse bis auf einige wenige Ausnahmen treu geblieben bin, macht mich gewiss des Dankes der Mit- aber wohl schwerlich der Bewunderung der Nachwelt wert!

Was die oben erwähnte Weihnachtsreise betrifft, so pflegte ich in allen Ferien eine längere Fußwanderung vorzunehmen. Ich lag zufolge meiner Neigung, meiner Zukunftspläne und aus noch anderen Ursachen mehr über den Büchern als meine Mitschüler und musste mich darum von Zeit zu Zeit einmal tüchtig körperlich ausarbeiten, was durch eine weite Gehtour am besten geschehen konnte. Dabei schloss sich mir meist ein mir sehr sympathischer Mitschüler an, der, wenn auch nicht so arm wie ich, aber doch ebenfalls zur Sparsamkeit veranlasst war. Ein fleißiger und ernster Junge, pflegte er, außer mit mir, nicht viel zu sprechen und wurde deshalb Cyprinus Carpio oder kurz weg Carpio genannt, weil Karpfen bekanntlich auch nicht gern viele Worte machen. Wir pflegten unsere beiderseitige Barschaft zwar nicht in eine gemeinsame Reisekasse zu verschmelzen, aber doch der eine mit den Mitteln des andern zu rechnen, was zur Folge hatte, dass der, welcher mehr besaß, sich stets bemühte, heimlich dafür zu sorgen, dass der gegenwärtig Ärmere nicht unter seinem augenblicklichen Proletariat zu leiden hatte. Es kamen da Beispiele von Selbstlosigkeit und Aufopferung vor, welche wirklich rührend waren, obgleich oder vielleicht grad weil es sich dabei um ganz geringe Beträge, um Groschen oder gar nur um Pfennige handelte. Das ganz natürliche Ergebnis dieses Verhaltens war, dass am Schlusse jeder solchen Reise bei beiden der Rest ihres Geldes genau derselbe war. Wenn einer unserer heutigen Finanzminister dabeigestanden und gehört oder gesehen hätte, mit welch einer weisen und bedachtsamen Wichtigkeit wir über die geringste Ausgabe verhandelten, er hätte von uns lernen können. Wir sind sogar einmal über den Fluss geschwommen, um zwei Kreuzer Fährgeld zu ersparen.

Ida Bindschedler
Der Weihnachtstag

Zu Hause saß Großmama schon in der blauen Stube. Onkel Alfred war auch da und ging auf und ab.
„Gelt, Onkel, man kann es fast nicht erwarten", sagte Lotti. „Um sechs Uhr läutet's. Wie lang dauert das noch?"
„49 Minuten 37 und eine halbe Sekunde", sagte der Onkel auf die Uhr schauend.
Dann aber setzte er sich ans Klavier und spielte schöne Akkorde. Es klang, als ob Weihnachtsglocken läuteten.
Endlich kamen auch Mama mit dem Schwesterlein auf dem Arm und Papa.
Nun sollte Marianne mit ihrem Lied beginnen. Sie drückte die Hände einen Augenblick ineinander und spürte ihr Herz klopfen. Es war so feierlich, wie alle da still im Kreis saßen. Aber dann fing sie an: „Du lieber, heil'ger, frommer Christ ...", und sprach die Verse gut und ohne Stocken.
Lotti auch. Nur einmal mahnte Mama leise: „Nicht so schnell, Lotti!"
Als Hans das schöne Weihnachtsevangelium von den Hirten und dem Lobgesang der Engel aufgesagt hatte, stimmte Onkel Alfred am Klavier das liebe alte Lied an:

„O du fröhliche, o du selige,
gnadenbringende Weihnachtszeit ...“

Alle sangen mit. Papas und Onkel Alfreds Stimmen klangen wie Orgeltöne.

Dann aber vernahm man plötzlich einen andern Ton: Das helle Weihnachtsglöcklein läutete unten, so stark es vermochte.

„Mama, jetzt – jetzt ...!“

Mama nickte lächelnd. „Ja, jetzt!“ Die Kinder stürzten hinaus und die Treppe hinunter. Die Türe des Weihnachtszimmers war weit offen. Einen Augenblick blieben alle vier wie geblendet stehen. Strahlend stand der hohe Christbaum da mit seinen Lichtern, seinen farbigen Kugeln, goldenen Nüssen und dem funkelnden Flitter, der über den Ästen hing. So vertraut und doch so zauberhaft, so unbegreiflich schön!

Dann aber machte sich Werner von Mariannes Hand los.

„O, o, Kühe!“, rief er in höchstem Jubel und lief in die Ecke, wo man auf einem niedrigen Tischchen seine Sachen aufgebaut hatte.

Und nun war der Bann gebrochen. Hans erblickte seinen Platz rechts vom Christbaum.

„O, o!“, rief auch er und zog einen Schlitten heraus, einen festen Schlitten aus schönem glattem Holz, genau wie er sich ihn gewünscht hatte!

„Marianne, sieh, wie lang! Da können wir zu dritt sitzen!"
Doch Marianne hörte nicht; sie hatte schon ihre Schlittschuhe in der Hand, ein Paar prächtige Schlittschuhe, ganz wie die von Lily Rabus! Marianne wollte sich gleich hinsetzen, um sie an ihrem Fuß zu messen; aber ihre Augen überflogen den Tisch und erblickten neben allerlei Paketen einen Muff und Pelzkragen, und dahinter stand die Puppenstube neu hergerichtet, mit weißen Vorhängen und grünem Tischteppich, drei neuen Puppenkindern und einem Papa in brauner Hausjoppe mit einer Zeitung und am Fenster war ein Blumentisch. Nein, diese Seligkeit …!
„Lotti, sieh doch!"
Lotti kniete indessen in lautem Entzücken vor einer Wiege, in der ein Wickelkind schlief, mit blonden Härchen und weißem Kittelchen.
„Es macht die Augen auf und zu! O, du Schatz!", rief sie und küsste die Puppe und sah dann hinten über der Wiege den Kramladen! Frisch gestrichen und lockend stand er da, mit Quittenwürstchen und Schokoladeschinken, mit Glasbüchsen voll Zuckererbsen, mit kleinen Brotlaiben und einer Menge weißer Tüten. Das Wickelkind im Arm, machte sich Lotti jauchzend an den Laden.
Am lautesten aber ging es in Werners Ecke her. Er kreischte geradezu vor Wonne über seine Kühe und riss an Onkel Alfred, bis dieser sich zu ihm setzte, um die Tiere anzusehen.

„Die heißt – Dachs!“, schrie Werner. „Und die ist die böse, die heißt Bär! Und das ist der Bless ...“
Dann lief er hinter den Ofen und erklärte dort dem Pferd, dass es Platz machen müsse, weil jetzt Kühe kommen. Es war auch ein Heubündel da. Werner hatte so zu tun, dass er die Schachtel mit dem Dorf und das Bilderbuch noch gar nicht betrachten konnte.
Hans wusste ebenfalls nicht, wohin sich wenden. Da war ein Buch, das hieß „Das Wunderland der Pyramiden“ und hatte eine Menge Bilder von Kriegern, Denkmälern, seltsamen Göttern und Felsengräbern. Das andere Buch trug den Titel „Sigismund Rüstig“ ...
„Marianne, das ist ja die prächtige Geschichte, aus der Papa uns schon erzählt hat!“
Aber im selben Augenblick rief Marianne: „Hans, Lotti! Seht doch den Christbaum wieder an, wie schön er ist!“
Ja, wenn man nur alles zugleich hätte bewundern können! Das Schwesterlein nahm sich am meisten Zeit für den Christbaum. Auf Mamas Arm guckte es mit weit offenen Augen unverwandt in die Lichter und fuhr mit den kleinen Fäusten auf und ab vor Erstaunen und Freude.
Balbine, Sophie und Ulrich waren auch hinzugetreten, und da sah man erst, dass Ulrich etwas in der Hand hielt, ein Geschenk für die Kinder, ein Schiff, das er aus Holz geschnitzt hatte. „Nein, so etwas Feines, Ulrich!“, jubelten die Kinder.

Es war weiß, blau und rot gestrichen und hatte ein Segel und ein bewegliches Steuerruder. Das Ganze war so kunstvoll und sauber gemacht, dass auch die Großen es bewunderten.
„Ulrich, Sie sind ja ein Schiffbauer erster Güte“, sagte Onkel Alfred. „Sie gehören auf eine Werft und nicht in die Garnkammer!“
Ulrich lachte verlegen. Er hatte auch einen Gabentisch und freute sich besonders über Lottis Pulswärmer. Aber vergnügt sah er immer wieder hinüber zu Hans, der das schöne Schiff auf seinen Tisch stellte, mitten unter die Herrlichkeiten, die noch gar nicht alle entdeckt waren. Da gab es ein Taschenmesser, warme Winterhandschuhe, ein Reißzeug, mit dunkelblauem Sammet ausgeschlagen, einen Rucksack mit allerlei nützlichen Nebentaschen. Es war fast zu viel. Hans zog Marianne mit Gewalt herüber, dass sie ihm helfe bewundern.
„Ja, Hans, prachtvoll! Reizend!“, stimmte Marianne ein. „Aber komm, sieh meinen Malkasten an! Bitte, nur den! Es sind fünfzehn Farben und vier Pinsel!“
Hans besichtigte den Malkasten; als er aber gleich wieder zu seiner Bescherung hinüberlief, holte sich Marianne Balbine, damit sie helfe, das Kommödchen von Großmama betrachten, und die hübsche Schürze, die Zopfbänder, die Gamaschen und das Buch, das „Roland und Elisabeth“ hieß und gewiss wunderschön zu lesen war. Lotti hatte sich Ulrichs bemächtigt; er musste das Wickelkind besehen, die gefüllte Feder-

schachtel, den kleinen Pumpbrunnen, den Baukasten und den Regenschirm mit einer Troddel wie der von Mama!

Der fröhliche Lärm wurde immer größer, da nun Papa und Mama, Großmama und Onkel Alfred auch an ihre Tische getreten waren und mit Ausrufen der Freude und Überraschung ihre Geschenke entgegennahmen. Die Kinder liefen von einem zum andern und standen gespannt dabei, wenn ihre kleinen Pakete aufgemacht wurden.

„Alles Blaue mit Silberschnur ist also von mir!“, verkündete Lotti.

Mama wickelte das Rumpelstilzchen aus. Großmama war entzückt über Hansens rosa Pappschachtel, in der Mariannes Blumenkarten lagen. Papa aber entdeckte Werners großartiges Geschenk.

„Gelt, Papa, das hast du nicht erraten können!“, triumphierte der Kleine, und ruhte nicht, bis der arme Papa ein Stück von dem dicken grauen Springerlein versuchte. Dann machte Onkel Alfred mit vielen Umständen Mariannes und Lottis Päckchen auf und hob behutsam den Tintenwischer heraus.

„Reizend ...!“

„Für die Tinte!“, sagte Lotti und sah den Onkel stolz an.

„Tinte ...!“, wehrte dieser. „Nein, dafür ist dieses Kunstwerk zu kostbar! Höchstens meine Tränen wische ich damit ab ...“

„Ach, Onkel, du weinst ja nie!“, riefen Marianne und Lotti belustigt.

„Nie ..! Wo ihr mir grade jetzt Tränen der Freude und Rührung entlockt!“

Und Onkel Alfred fuhr sich mit dem Tintenwischer über die Augen; dann aber befestigte er ihn an seinem Knopfloch und erklärte, er werde ihn als Verdienstorden tragen. In dem Getümmel schoss auch noch Schnauzel hin und her, aufgeregt durch die Lichter, den Lärm und die Wurst, die er geschenkt bekommen hatte. Papa hatte ihm die Hälfte davon gegeben und die andere in die Höhe gehalten.

„Du begreifst, Schnauzel“, hatte er gesagt, „wenn du sie jetzt frisst, so hast du morgen nichts mehr.“

„Wau!“, bellte Schnauzel und wedelte heftig mit dem kurzen Schwanze, was jedenfalls heißen sollte:

„Ja, ich begreife; aber ich will sie doch gern heut noch!“, worauf Papa ihm das zweite Stück aushändigte, damit auch er an diesem Abend seine ganze Freude habe.

Werner Tiki Küstenmacher
O du fröhliche

O du fröhlicher Weltchristhimmel

Eins der beliebtesten und kürzesten Weihnachtslieder ist diese geistliche Umdichtung eines sizilianischen Volkslieds. Bei ihm ist es doppelt peinlich. wenn man es nicht auswendig kann, weil sich pro Strophe jeweils nur zwei der sechs Zeilen ändern.
Mit dem Merktitel „Weltchristhimmel" wäre die richtige Reihenfolge des jeweils ersten Wortes schon mal memoriert. Wem das als Merker nicht reicht, der kann mit diesen drei Bildern den weiteren Verlauf der Strophen im Gedächtnis verankern:

1. O du fröhliche,
O du selige,
Gnaden bringende Weihnachtszeit.
Welt ging verloren,
Christ ist geboren:
Freue, freue dich, o Christenheit!

Eine **Welt**kugel, die wie **verloren** durchs All rollt. Der Reim **geboren** ergibt sich bei Weihnachten dann von selbst.

2. O du fröhliche,
O du selige,
Gnaden bringende Weihnachtszeit!
Christ ist erschienen,
Uns zu versühnen:
Freue, freue dich, Christenheit!

Christus fährt in diesem Kalauer-Merkbild auf einer Eisenbahn-Draisine auf **Schienen**. Der Reim darauf holpert – wie auf alten Bahngleisen: Statt „versöhnen“ wird das reichlich ungebräuchliche Wort „versühnen“ genommen, und selbst das reimt sich ja nicht gerade elegant auf „erschienen“. Aber jetzt haben Sie sich schon so viele Gedanken über das eigenartige Wort gemacht, dass Sie es sich prima merken werden.

3. O du fröhliche,
O du selige,
Gnaden bringende Weihnachtszeit
Himmlische Heere
Jauchzen dir Ehre:
Freue, freue dich, o Christenheit.

Himmel war das Merkwort für den Anfang der dritten Strophe. Die **himmlischen Heere** merken Sie sich durch den Umstand, dass in der letzten Strophe eines bombastischen Songs richtig in die Vollen gegangen werden muss. Es sind also nicht himmlische Bands, Chöre oder Orchester, sondern gleich riesige militärische Bataillone, die uns zum **Freu**en ermuntern.

Eigentlich gar kein Weihnachtslied

Johannes Daniel Falk (1768–1826), der ursprüngliche Autor von „O du fröhliche“, hatte durch eine Typhusseuche vier seiner sieben Kinder verloren. In vielen anderen Familien waren die Eltern gestorben, die Kinder hatten überlebt und drohten nun zu verwahrlosen. Daraufhin gründete Falk in Weimar ein „Rettungshaus für verwahrloste Kinder“ und ist noch heute dort bekannt als der „Waisenvater“. Den dort aufgenommenen Kindern widmete er 1816 das Lied „O du fröhliche“, gedacht als gesungener Mini-Katechismus der drei wichtigsten Glaubensinhalte und Feste des christlichen Glaubens: Weihnachten, Ostern und Pfingsten.

So lautete die Urfassung:

O du fröhliche, o du selige,
Gnaden bringende Weihnachtszeit.
Welt ging verloren, Christ ist geboren:
Freue, freue dich, o Christenheit.

O du fröhliche, o du selige,
Gnaden bringende Osterzeit.
Welt lag in Banden; Christ ist erstanden:
Freue, freue dich, o Christenheit!

O du fröhliche, o du selige,
Gnaden bringende Pfingstenzeit!
Christ unser Meister, heiligt die Geister:
Freue, freue dich, o Christenheit.

Heinrich Holzschuher (1798–1847) aus Wunsiedel, ein Gehilfe Falks, hat 1829, ein paar Jahre nach dem Tod Falks, die Strophen 2 und 3 in ihre heute gebräuchliche Form umgeschrieben.

Testsingen „O du fröhliche“

Wie immer: einfach ausprobieren, wie viel Sie noch wissen, wenn Sie das Lied nur anhand dieser Bilder singen. Wenn’s klappt: Buch zuklappen und auswendig versuchen. Nachgucken dann nur im textlosen Bildteil.

Renate Bergmann

Aber nach drei Strophen ist Schluss! Die Online-Omi rettet Weihnachten

Der dritte Advent war vorbei und die Zeit der Tanne gekommen: Wir mussten uns sputen und uns um den Baum kümmern. Den holen wir traditionell von Fichten-Schorsch. Dieses Jahr war es gar nicht so einfach, einen Termin zu finden, denn Kurt hatte jeden Tag Auftritte mit dem Männerchor! Zum Glück im Unglück war unser Kurt allerdings erkrankt, jedoch schon wieder auf dem Weg der Besserung. Die Stimme war noch nicht wieder bühnenreif, aber der ganze Kerl dank Ilses guter Pflege wieder fahrtauglich, und diese Lücke nutzten wir zum Baumkauf.

Es war aber auch kein Wunder, dass Kurt krank geworden war. Die Schlode kutschte die Herren vom Männerchor den ganzen Advent hindurch mit ihrem Transporter von einem Auftritt zum nächsten. Diese Chorbrüder sind ja eine verschworene Gemeinschaft und rücken dicht zusammen, im Auto genauso wie wenn einer was ausgefressen hat. Als Ilse den Verdacht hatte, dass Kurt sich schon wieder heimlich mit seinem Freund Herr Pjotr trifft, um Silvesterknaller zu kaufen, zum Beispiel. Kurt hat behauptet, er war nicht beim Pjotr, sondern bei einem Chor-Kameraden. Daraufhin hat Ilse die Liste durchtelefoniert mit dem Resultat, dass Kurt bei sieben Sangesbrüdern war. Bei vieren war er immer noch, aber gerade austreten und konnte nicht ans Telefon kommen. Eine verschworene Bande, die fest zusammenhält, ist das! Da kommt nicht mal Ilse gegen an. Und die hat als ehemalige Lehrerin nun wirklich Erfahrung damit, freche Kerle zu überführen! Den Transporter bekam Frau Schlode über Opa Hesselmann, den Stimmführer, dessen Sohn Fleischer war, im Advent zur Verfügung gestellt, um damit mit dem Chor zu den Auftritten zu fahren. Das Auto war jedoch eher für Rippchen und Hackepeter gedacht und nicht für „Die acht Tenöre von Spandau". Ich hab ja schon erzählt, dass die Schlode den Chor jetzt so nannte. Was meinen Se, was die Veranstalter die gebucht haben! Die rechneten natürlich mit schmissigen jungen Männern, die Schmachtlieder zum Besten gaben und die Herzen der Besucherinnen zum Schmelzen und die Hormone zum Wallen brachten. Was sie zu hören bekamen, war aber ein Rudel Opas, das statt „Nessum Dorma" oder „Teim Goodbei" von dem blinden Italiener dann „Maria durch ein Dornwald ging" oder „Leise rieselt der Schnee" anstimmte. Zumal die Männer schon von Natur aus keine reinrassigen Tenöre waren und noch dazu durch die Fahrerei in dem Kühlfahrzeug und das Geträller in den kalten, zugigen Kirchen fast alle eine Halsentzündung hatten und rauchig klangen. Nach ein paar

Wochen hatte es auch Kurt erwischt. Erst hat Ilse Kurt nur den Hals ausgepinselt mit der Tinktur, die Frau Doktor Bürgel mir aufgeschrieben hatte, als wir im Sommer drei Tage nacheinander schlimme Gewitter hatten. Geschrien habe ich vor Angst, so doll, dass ich ganz heiser war! Ich hatte eine Stimme, als hätte ich ganz kräftig gefeiert, aber Frau Doktors Tinktur hat mir geholfen. Bei Kurt half es nicht.

Er bekam trotz bester Pflege Fieber und Ilse verbot, dass er weiter auftritt. Nun hatte die Schlode ein Problem, denn sie hatte acht Tenöre angekündigt, und auch, wenn die Leute sich das Gebrumme wohl noch bieten ließen, bis acht zählen können ja die meisten. Deshalb wurde Gunter Herbst als Vertretung angefragt. „Er muss auch nicht singen, Frau Potter", versprach die Schlode, „er muss dastehen und den Mund ab und an auf- und zumachen. Die anderen singen eben ein bisschen lauter. Er wäre nur das Körperdouble von Herrn Gläser!" Gertrud hat die Schlode zuerst rausgeschmissen und ihr nur einen Scheibenwischer gezeigt, aber die Dame ist zäh und lässt sich nicht so leicht abwimmeln. Sie nannte eine Summe, die Gunter als Honorar bekommen würde pro Auftritt, und der Betrag änderte Gertruds Meinung. Gunter wurde gar nicht gefragt. Der geht, wohin er geschickt wird, und tut, was Gertrud ihm sagt. Er geht gut im Geschirr. Gertrud sorgte dafür, dass er den schnieken Anzug von der Hochzeit anzog und pünktlich am Straßenrand wartete, und das Fleischauto holte

ihn ab. Gunter hat noch seinen Führerschein und durfte im Notfall auch mal fahren, und außerdem machte Gertrud großen Weihnachtsputz und war froh, ihn aus der Wohnung zu haben. Männer stehen einem bei so was ja nur vor den Füßen rum. Das klappte so gut mit Gunter Herbst, dass Ilse nach ein paar Tagen nervös wurde und Kurt mit Halswickeln vor die Rotlichtlampe setzte, damit er so schnell wie möglich gesund wurde. Sie hatte Angst, dass Kurt aus der Band ... also, aus dem Chor raus wäre, wenn er nicht schnell wieder gesund wurde und mitsingen konnte. Ja, das Schuhgeschäft ist hart!
Showgeschäft.
Entschuldigen Se, ich habe mich vertippt.
Das Showgeschäft ist hart, das musste schon Peter Frankenfeld lernen, als sie ihm „Vergissmeinnicht" wegnahmen und er erst Jaaahre später mit „Musik ist Trump" zurückkam!
Trumpf, nicht Trump.
Meine Güte, jetzt muss ich aber doch mal gucken, warum hier immerzu die Tasten klemmen.
Wo war ich?
Ach ja, „Musik ist Trumpf". Ein Knüller war das! „Die acht Tenöre" aus Spandau allerdings waren ohne Kurt nicht das Original.

Jochen Weimar
O Tannenbaum, o Tannenbaum

Das Weihnachtsbild „o Tannenbaum“ hat einst ein Zimmermann aus Goldlauter im Thüringer Wald komponiert. Mich erinnert besonders dieses Lied an meine Kindheit, die ich bei meinen Großeltern in Gera verbrachte.

Zum Weihnachtsabend versammelte sich die gesamte Familie in der kleinen, bescheidenen Wohnung. Zu Weihnachten gehörte natürlich auch ein mit Kerzen, Naschwerk, Glaskugeln und Lametta festlich geschmückter Tannenbaum.

Da die „gute Stube“ der großelterlichen Wohnung nicht gerade geräumig war, wurde der stattliche Baum an die Decke gehängt. Das entlastete zwar die räumliche Enge, brachte aber andere Probleme mit sich. Ich erlebte es nie, dass der Weihnachtsbaum so hing, wie er sollte. Immer waren zusätzliche Stabilisierungsmaßnahmen erforderlich. Einmal wurde sogar ein in Silberpapier eingewickeltes Brikett als Ausgleichsgewicht eingesetzt. Ein anderes Mal wurde der Baum mit dünnen Fäden in eine senkrechte Lage gezurrt, sodass er im Prinzip eher einem Fesselballon ähnelte, zumal mein Onkel Rudel über diese Fäden Lametta hängte, um die Gleichgewichtsbemühungen deutlicher sichtbar zu machen. Jedenfalls war unser Tannenbaum nicht nur Gegenstand festlicher Andacht, sondern auch Objekt mancher Frotzelei, was mein Großvater bis dahin immer gelassen hinnahm. Als sich aber auch noch meine Großmutter an den Sticheleien beteiligte, war das Maß voll. Nun legte Großvater ziemlich kategorisch fest: „Martha, nächstes Jahr kaufst du den Weihnachtsbaum!"

Als vor Jahresfrist Großmutter immer wieder den Weihnachtsbaumkauf anmahnte, bekam sie jedes Mal zu hören: „Martha, dieses Jahr kaufst du das Bäumchen selber."

Am letzten Tag des Weihnachtsmarktes machte Großmutter sich auf den Weg. Ich musste sie begleiten, wohl eher als Lastesel denn als Gutachter.

In der Tat: Großmutter hatte einen Weihnachtsbaum von seltener Schönheit ausgewählt. Er war von geometrischer Symmetrie – und auch nicht billig. Weil der Großmutter noch weitere Besorgungen einfielen, wurde der Baum in der Fahrradaufbewahrung nahe der Einkaufsstraße abgestellt. Es dämmerte schon, als wir ihn dort wieder abholen wollten.

Leider war unser Weihnachtsbaum inzwischen von einem Auto überrollt, das forstwirtschaftliche Prachtstück sozusagen zu Kleinholz gemacht worden. Wir bekamen zwar den Kaufpreis vom Betreiber der Fahrradaufbewahrung ersetzt, aber einen Weihnachtsbaum hatten wir nun nicht mehr.

So blieb uns nichts weiter übrig, als noch einmal auf den Markt zu gehen. Die Weihnachtsbaumhändler waren schon am Zusammenräumen, das Geschäft für dieses Jahr war gelaufen. Doch wir hatten Glück und erstanden noch einen Baum, sogar für den Spottpreis von 25 Pfennigen. Danach sah er auch aus. Der Händler entschuldigte sich fast dafür, dass er uns so einen Krüppel von Baum andrehen musste. Aber was sollten wir machen? Diesen oder keinen, so stand die Frage. Zu Hause angekommen, musste ich den Baum erst einmal im Waschhaus abstellen. Großvater erwartete uns mit sichtbarer Spannung und der von Neugier geladenen Frage: „Wo habt ihr denn den Weihnachtsbaum?" „Im Waschhaus", war Großmutters einsilbige und verlegene Antwort. Mit den Worten „Den muss ich sehen" zündete Großvater die Petroleumlampe an und ging unverzüglich ins Waschhaus. Noch in der zweiten Etage hörte ich kurz darauf sein schallendes Gelächter – von Großmutter kommentarlos hingenommen.

Robert Reinick
Weihnachtsfest

Der Winter ist gekommen
Und hat hinweggenommen
Der Erde grünes Kleid;
Schnee liegt auf Blütenkeimen,
Kein Blatt ist an den Bäumen,
Erstarrt die Flüsse weit und breit.

Da schallen plötzlich Klänge
Und frohe Festgesänge
Hell durch die Winternacht;
In Hütten und Palästen
Ist rings in grünen Ästen
Ein bunter Frühling aufgewacht.

Wie gern doch seh ich glänzen
Mit all den reichen Kränzen
Den grünen Weihnachtsbaum,
Dazu der Kindlein Mienen
Von Licht und Lust beschienen!
Wohl schön're Freude gibt es kaum!

Da denk' ich jener Stunde,
Als in des Feldes Runde
Die Hirten sind erwacht,
Geweckt vom Glanzgefunkel,
Das durch der Bäume Dunkel
Ein Engel mit herabgebracht.

Und wie sie da nach oben
Den Blick erschrocken hoben
Und sah'n den Engel stehn,
Da staunten sie wohl alle,
Wie wenn zum ersten Male
Die Kindlein einen Christbaum sehn.

Doch was ist all Entzücken
Der Kindlein, die erblicken,
Was ihnen ward beschert:
Gedenk ich, wie die Kunde
Des Heils von Engelsmunde
Die frommen Hirten angehört!

Und rings ob allen Bäumen
Sang in den Himmelsräumen
Der frohen Engel Schar:
„Gott in der Höh' soll werden
Der Ruhm, und Fried auf Erden
Und Wohlgefallen immerdar."

Drum pflanzet grüne Äste
Und schmücket sie aufs Beste
Mit frommer Liebe Hand,
Dass sie ein Abbild werden
Der Liebe, die zur Erden
Solch großes Heil uns hat gesandt.

Ja, lasst die Glocken klingen,
Dass, wie der Englein Singen,
Sie rufen laut und klar:
„Gott in der Höh soll werden
Der Ruhm, und Fried auf Erden
Und Wohlgefallen immerdar!"

Andreas Malessa

Chorprobe der himmlischen Heerscharen

„Ruhe bitte! Ruhe!" Erzengel Gabriel, Dirigent und Arrangeur der himmlischen Engelschöre, musste mit dem Taktstock mehrmals aufs Notenpult klopfen. Die Heerscharen in Weiß und Gold raschelten mit den Flügeln, kicherten nervös und waren ungewöhnlich aufgeregt.

Verständlicherweise: In wenigen Minuten würde etwas passieren, was seit Jahrtausenden sehnsüchtig erwartet wurde. Das unbegreifliche Wunder: Gott selbst kommt als Mensch in die Welt. Der „Messias" Jesus, der Erlöser vom Bösen. Der Versöhner und Heilbringer, der wird heute Nacht als normales menschliches Baby von einer jungen Frau geboren werden!

Gleich wird die hauchdünne Trennwand zwischen Raum und Zeit der Menschenwelt und Unendlichkeit und Ewigkeit des Himmels für einen Moment aufreißen – und sie, die Engel, werden für normale Menschenaugen und Menschenohren zu sehen und zu hören sein!

So etwas verursacht selbst im „höheren Chor" Lampenfieber, und so schnattern Sänger und Instrumentalisten lebhaft durcheinander.

„Ruhe, Menschenskinder noch mal!", rief Gabriel entnervt. Aber da lachten alle noch lauter – denn das waren sie ja nicht. Das sollte Gott erst werden: ein Menschenskind.
„Also, ich habe aus den vielen prophetischen Ankündigungen des Retters Jesus, aus Psalmen und aus Jesaja-Texten folgenden Zweizeiler formuliert", sagte der Dirigent und errötete etwas (wie fast alle, die ein eigenes Gedicht vorlesen sollen):
„Ehre sei Gott in der Höhe – und Friede auf Erden den Menschen seines Wohlgefallens."
Es folgte eine bewundernde Stille.
„Das wird ein Hit!", dachte ein kirchengeschichtlich weitsichtiger Engel in der dritten Reihe begeistert. „Die ersten Nachfolger Jesu und viele Passanten auf der Straße werden es jubelnd rufen, wenn Jesus auf einem Esel nach Jerusalem einzieht."
Gabriel räusperte sich vernehmlich. „Hmhm. Diesen Chartbreaker, äh, ich meine Lobgesang, müsst ihr allerdings ohne Dirigent aufführen, weil ich erst mal alleine den Hirten auf dem Feld erscheine, mit einem Soloprogramm. Und dann kommt ihr nach."
„Klar", schmunzelte ein Bass hinten zu sich selbst, „wenn wir mit der geballten himmlischen Herrlichkeitspower über den Hirten auftauchen, dann ist ihr Schrecken größer als ihre Freude!" Und laut sagte er: „Gabriel! Selbst wenn du alleine zu ihnen gehst, sag ihnen erst mal: ‚Fürchtet euch nicht! Siehe,

ich verkündige euch große Freude!‘ Sonst geraten die bloß in Panik und Hektik, so wie 2.000 Jahre später die Konsumsklaven in der Vorweihnachtszeit. Betone die Freude, hörst du?!“
„Moment mal“, rief eine Harfenspielerin aus dem Orchester dazwischen. „Ich hör immer ‚Hirten‘. Das soll unser Publikum sein? Humtata-Mitklatscher vom Musikantenstadl? Warum schmettern wir diesen herrlichen Gesang von der majestätischen Ehre Gottes und von seiner gnädigen Versöhnung nicht in den Jerusalemer Königspalast? Oder gestalten eine erhabene Mitternachtsmesse im Tempel?“
„Genau!“, kreischte eine Sopranstimme ganz unengelhaft zur Bestätigung. „Ich soll die kostbare Botschaft vom Frieden Gottes tatsächlich in, in ... in die lärmende Wuseligkeit überfüllter Basarstraßen und rauchiger Gasthäuser hineinsingen? In den Kommerzrummel der Märkte? Und in den Gestank von Schaf- und Ziegenherden?! Also, nein!“ Und dabei rümpfte sie ihre eigentlich sehr hübsche Nase. „Hirten!“, empörte sich die Harfenspielerin weiter, „die ziehen doch Tieren und Menschen das Fell über die Ohren. Die haben zurzeit ein so niedriges Sozialprestige, dass sie vor Gericht gar nicht als Zeugen zugelassen sind. Ausgerechnet die Unglaubwürdigsten einer Gesellschaft sollen dann unsere Gute Nachricht weitersagen? Na toll!“

„Und außerdem“, ergänzte die vornehme Sopranistin, „werden sie intellektuell gar nicht mit dem Wunder der Menschwerdung Gottes fertig!“

Chorleiter Gabriels sprichwörtliche Engelsgeduld wurde so kurz vor dem Fest wahrhaft kräftig strapaziert. „Ehre sei Gott in der Höhe“, sagte er mit fester Stimme – und sofort ebbte der Geräuschpegel ab –, „das bedeutet doch keinen Glamour im irdischen Sinne. Gottes Majestät dürft ihr auch bitte schön nicht mit menschlichem Imponiergehabe, mit Angeberei und Gegockel verwechseln. Der Ruhm des Höchsten, der hat nichts mit Publizität und Popularität zu tun. Mit ‚Ehre, Herrlichkeit, Majestät‘ und so weiter ist Gottes Wesen gemeint. Und da Gott wesensmäßig Liebe ist, da seine Gnade so weit reicht wie unser unendlicher Himmel hier – deshalb will er ja gerade zu den kleinen Unbekannten, den schlicht Gestrickten und zu denen, die ihr Geld im Freien verdienen. Gott demonstriert heute Nacht doch die Aufwertung der Verachteten! Wir singen heute von Gottes Wertschätzung für die Armen! Versteht ihr? Kleinkarierte Verhältnisse – große Freude! Gottes Macht …“, und bei diesem gewaltigen Begriff wurde es noch einmal mucksmäuschenstill im Chor, „Gottes Macht zwingt ja niemanden zu Boden, sondern richtet ihn auf, macht hängende Köpfe zuversichtlich und gebeugte Rücken gerade. Überlegt doch mal: Gott kommt heute als Baby auf die Welt. Ein Neugeborenes, das ist klein, zerbrechlich, wehrlos, ohnmächtig. Es ist den Erwachsenen völlig ausgeliefert. Aber gerade das ist die Macht des Kindes: Es appelliert an unsere Menschlichkeit, eben weil es so ohnmächtig ist. Es mobilisiert unser Mitgefühl und unsere aktive Fürsorge, eben weil es so ausgeliefert ist. Wer ein Herz im Leibe hat, empfindet Liebe für ein Baby. Das wird auch, pardon, klobigen Klötzen wie den Hirten so gehen. Außerdem hat Gott nicht nur unendliche Liebe und Gnade für uns; er hat auch Humor: Ausgerechnet die wenig angesehenen Hirten sollen seine Botschaft weitertragen, jawoll!"

„Das wird ein Prinzip werden ...", schmunzelte der kirchengeschichtlich weitblickende Engel in der dritten Reihe wieder. „Die Nachricht von der Auferstehung zum Beispiel wird Gott ausgerechnet von zwei Frauen weitertragen lassen, die ja in ihrer Zeit vor Gericht auch nicht als Zeugen zugelassen sind. Noch nicht. Hmhm. Und die Ausbreitung der frühen Christengemeinden wird unter Sklaven in Antiochien und Hafenarbeitern in Korinth am stärksten sein. Und ein körperlich kranker Missionar wird aus dem Knast einen Brief an die Gemeinden in Philippi schreiben – und im zweiten Kapitel ein wunderschönes Lied von diesem ‚Abstieg Gottes aus Liebe', von diesem ‚gnädigen Herunterkommen' dichten."

Gabriel räusperte sich wieder. „Und was das intellektuelle Niveau unserer Zuhörer angeht, verehrte Sopranistin: Die Menschen werden mit dem Geheimnis der Menschwerdung

Gottes nie fertigwerden. Auch die schlauesten nicht. Aber wenn sie im Glauben anfangen, wenn sie sich auf die Socken machen und Jesus suchen, dann werden sie ihn tatsächlich finden. Bei einer himmlisch schönen Musik. Bei einem Gespräch auf der Arbeit. Nachts über einem Buch. In der Bibel. Bei einem Gespräch mit Freunden, bei einem Gottesdienst. Die Menschen können ab jetzt Jesus überall begegnen – im unscheinbaren Stall, in den miefigen vier Wänden. Das Äußere ist nicht wichtig. Die Symbole der Majestät und Herrlichkeit Gottes sind nicht Krone und Zepter, sondern Windeln und Krippe. Dort könnt ihr ihn finden, werde ich gleich den Hirten sagen. Die Erhabenheit unseres himmlischen Lichts, der Glanz, die Schönheit und die Harmonie unseres Engelgesangs, das alles erlischt ja schnell. Bald bedeckt die Männer der ganz normale Nachthimmel, die Kälte des Winters und die soziale Kälte ihrer Zeit. Deshalb schicke ich sie zu Jesus. Zum Licht. Zur Wärme. Zur begreifbaren und anschaulichen Liebe Gottes. Und ...“ „Und doch“, unterbrach ihn der kirchengeschichtlich weitsichtige Engel in der dritten Reihe, „und doch werden die Menschen jahrtausendelang immer um diese Jahreszeit alles zusammentragen, was sie an unseren Auftritt erinnert: Kerzen und Sterne, Baumschmuck und Lichterketten, Engelattrappen und Rauschgoldlametta. Je heller sie ihre Schaufenster und Straßen erleuchten, umso finsterer schauen dabei manche aus den Augen. Dabei könnten sie 365 Tage im

Jahr an der Krippe stehen und ihre geistigen und geistlichen, ihre emotionalen und sozialen Dunkelheiten ans Licht bringen. Ganz ohne Angst vor Bloßstellung. Vorwürfe, Verletztheiten, Lügen, Gleichgültigkeit, Untreue, Hass, Traumata – alles würde Gottes vergebende, gnädige Liebe ihnen abnehmen. Wenn sie Vertrauen hätten, dass Jesus tatsächlich ihretwegen auf die Welt gekommen ist."

„Danke", sagte Gabriel und schaute in die strahlend helle Runde der himmlischen Heerscharen hinein. „Ich hoffe, der Gesangstext ist klar, die Umstände unseres Konzertes auch?" Sein Taktstock zitterte dabei ein wenig vor Erregung.

„Na ja ..." Zögernd meldete sich ein Tenor. „Und was ist mit der zweiten Zeile: Friede auf Erden den Menschen seines Wohlgefallens? Heißt das, nur die Menschen, an denen Gott Gefallen hat, weil sie Jesus annehmen, nur die werden Frieden bekommen in ihrem Leben? Ich meine, wenn das so ist, dann sollten wir wirklich lieber gleich im Tempel auftreten. Oder nur den strengen, frommen Mönchen im Wüstenkloster Qumran erscheinen!"

„Oh nein, danke für den Hinweis", seufzte Erzengel Gabriel und raufte sich das volle Engelhaar, „dieser Friede Gottes ist für alle Menschen gedacht und gewollt. Wir können auch singen: Friede allen Menschen, denen Gottes Wohlwollen gilt. Leider werden sich aber nicht alle davon beschenken lassen. Und lieber weiterwurschteln in Gleichgültigkeit gegen Gott,

Streit und Hass und Gewalt gegeneinander und im Widerstreit mit sich selbst. Bis zum Zerbruch von Familien, bis zu Gewalt in der Sexualität, bis zu Kapitalverbrechen und Bürgerkrieg kann das führen, dass Menschen dieses Geschenk des Friedens rigoros ablehnen."

„Obwohl sie sich sonst alljährlich um diese Zeit jeden nur erdenklichen Scheiß schenken lassen!", brummte der kirchengeschichtlich prophetische Chorist in der dritten Reihe – was ihm den strengen Blick von Gabriel einbrachte.

„Nur weil das leider so ist", fuhr der fort, „ereignet sich der Friede Gottes oft nur im kleinen Kreis der Frommen. Ursprünglich gedacht ist er aber für alle – und heute Nacht, ab jetzt und für immer, bekommt jeder Mensch die Gelegenheit, diesen Frieden Gottes und sein Wohlgefallen anzunehmen. Was positiverweise dazu führen wird, dass sehr unterschiedliche Glaubende gemeinsam vor Jesus stehen werden ..."

„Heyhey!", gluckste der Vorausschauer dazwischen. „Ich stelle mir gerade die drei reichen, superschlauen Astrophysiker aus Babylonien vor, edel gekleidet wie Könige, wie sie direkt neben den lumpigen, verschwitzten Hirten an der Krippe knien!"

„Jaja, ist ja gut!", Gabriel wurde etwas ungehalten. „Also, sehr unterschiedlich geprägte Menschen werden gemeinsam im Frieden miteinander leben können, weil ..." Der Ärmste wurde schon wieder unterbrochen. „Und wieso dann ‚Ehre sei Gott in der Höhe – und Friede auf Erden den Menschen seines Wohlgefallens'? Was soll der Konjunktiv? Frommer Wunsch oder was?" Die Harfenspielerin war erstaunlich keck für einen Engel.

„Unsinn!" Gabriels Stimme wurde scharf. „Ich meine damit: So soll es sein! Und zwar genau in dieser Reihenfolge. Als logische Konsequenz: Wer Gott Ehre machen will, wer Gott danken und loben will, tut das am besten damit, dass er den Menschen Frieden vorlebt, dass er Frieden stiftet. Erst die Anerkennung Gottes, dann die Versöhnung und Vergebung, der Friedensschluss untereinander, und dann das Wohl aller Menschen. Ich hoffe, jetzt ist alles klar, und wir können ..."

Aber da wurde die Chorprobe, zu der es ja noch gar nicht gekommen war, jäh unterbrochen.

Der Himmel riss auf. Dem ganzen Ensemble wurde der Boden unter den Füßen weggezogen. Die pechschwarze Kälte einer palästinensischen Winternacht schlug den Sängerinnen und Sängern entgegen.

Gabriel stand tief unten zwischen dem zusammengeflochtenen Dornengestrüpp und den notdürftig gezimmerten Weidezäunen und rief dauernd: „Fürchtet euch nicht. Fürchtet euch nicht. Ich verkündige euch große Freude. Freude – kapiert?!"

Aber unter den irdischen Verhältnissen klang sein wundervoller Bariton wie ein rollender Donner von einem Horizont

zum anderen. Die Harfenspielerin freute sich unbändig, eben nicht in einer weihevollen Krönungsmesse im Tempel zu spielen, sondern vor verdutzten Hirten auf einem nächtlichen Open-Air-Festival umsonst und draußen.
Der Tenor memorierte noch schnell die Reihenfolge: »Ehre Gottes – Friede auf Erden – allen Menschen gilt Gottes Wohlgefallen"; die kiebige Sopranistin jubilierte im Sturzflug so himmlische Tonkaskaden, dass alle Nachtigallen des Nahen Ostens schlagartig verstummten, und der kirchengeschichtlich weitsichtige Chorist aus der dritten Reihe, der kritzelte den wunderbar kurzen Liedtext auf einen Zettel: „Ehre sei Gott in der Höhe! Friede auf Erden! Euch ist heute der Heiland geboren: Christus, der Herr. In Windeln, in einer Krippe im Stall." Er lächelte. „Falls mal irgendein Arzt oder Evangelist das Ganze aufschreiben will", dachte er beim Landeanflug, »sicher ist sicher."
Und dann – dann wurde alles so aufgeführt, wie wir es seit mehr als 2.000 Jahren in der Weihnachtsgeschichte des Lukas lesen. Millionen Menschen sind seither Jesus begegnet. In dem Moment, in dem sie Gottes Geschenk bewusst und willentlich annahmen: Liebe. Begnadigung. Versöhnung.

Bibliografische Information der Deutschen Nationalbibliothek
Die Deutsche Nationalbibliothek verzeichnet diese Publikation in der Deutschen Nationalbibliografie; detaillierte bibliografische Daten sind im Internet über http://dnb.d-nb.de abrufbar.

Quellennachweis

Renate Bergmann, Aber nach drei Strophen ist Schluss! Die Online-Omi rettet Weihnachten, aus: Dies., Aber nach drei Strophen ist Schluss! Die Online-Omi rettet Weihnachten © 2024, Rowohlt Verlag GmbH, Hamburg

Prof. Dr. Thomas Hanstein, „Ein ehrenwertes Haus“ – Herbergssuche 2018, © Alle Rechte beim Autor

Hanns Dieter Hüsch, Dezember © Alle Rechte bei Christiane Hüsch-von Aprath

Jens Johler, Jauchzet! Frohlocket!, aus: Jens Johler: Die Stimmung der Welt © Alexander Verlag, Berlin 2013

Andreas Malessa, Chorprobe der himmlischen Heerscharen, aus: Andreas Malessa, Lacht hoch die Tür … das Herz macht weit. 24+2 Weihnachtshumorgeschichten, Brunnen Verlag 2025, www.brunnen-verlag.de

Marianne Vogel Kopp, Das Weihnachtsoratorium, aus: Marianne Vogel Kopp, Glück 1 bis 24. Weihnachtsgeschichten der Gegenwart, S. 56–60 © Theologischer Verlag Zürich

Werner Tiki Küstenmacher, O du fröhliche (Text und Bilder) © Werner Tiki Küstenmacher

Jochen Weimar, O Tannenbaum, o Tannenbaum, aus: Unvergessene Weihnachten. Band 2: 29 Zeitzeugen-Erinnerungen 1922–1988. © Zeitgut-Verlag; 2005, ISBN 978-3-86614-103-2.

Wir danken allen Rechtinhabern für die freundlich erteilte Abdruckerlaubnis. Der Verlag hat sich bemüht, alle Rechteinhaber in Erfahrung zu bringen. Für zusätzliche Hinweise sind wir dankbar.

Besuchen Sie uns im Internet:
www.st-benno.de

Gern informieren wir Sie unverbindlich und aktuell auch in unserem Newsletter zum Verlagsprogramm, zu Neuerscheinungen und Aktionen. Einfach anmelden unter www.vivat.de.

ISBN 978-3-7462-6863-7

Zusammengestellt von: Volker Bauch, Gößnitz
Covermotiv: © stock.adobe.com/bigmen; weitere Bilder: S.2 © stock.adobe.com/MLeenW; S. 3, 26–28, 63 © stock.adobe.com/bigmen; S. 10 © stock.adobe.com/lucamendieta; S. 16 © stock.adobe.com/Daria Pneva; S. 20 © stock.adobe.com/BNP Design Studio; S. 45 und S. 66 © stock.adobe.com/shat88; S. 52 © stock.adobe.com/川崎市民団体Coaクラブ; S.54–59 © Werner Tiki Küstenmacher.
Umschlaggestaltung: Karen Münch-Thornton, München, pictorisdesign
Gesamtherstellung und Layout: Ufer Verlagsherstellung, Leipzig (A)